AF469800

MÉMOIRE
SUR LA RECONSTRUCTION
DE LA COUPOLE
DE LA HALLE AU BLED DE PARIS;

CONTENANT,

1°. Une description de ce monument ;

2°. Des observations sur les grandes voûtes de ce genre ;

3°. Sur les matières les plus propres à leur construction ;

4°. Sur leur épaisseur, leur poids, leur poussée ;

5°. Le détail des moyens pour exécuter solidement cette Coupole et autres grandes voûtes de ce genre, de quatre manières différentes ; savoir, en pierre de taille, en briques, en bois, et en fer ;

6°. Une comparaison de ces différentes constructions, et l'évaluation de la dépense que chacune pourrait occasionner.

PAR J. RONDELET,
Architecte, et Membre du Conseil des Bâtimens civils auprès du Ministre de l'Intérieur.

PRIX : — 3 *francs* 50 *cent.*

A PARIS,
CHEZ L'AUTEUR, ENCLOS DU PANTHÉON FRANÇAIS.

AN XII. — 1803.

A SON EXCELLENCE

LE CITOYEN CHAPTAL,

MINISTRE DE L'INTÉRIEUR.

Citoyen Ministre,

Les inscriptions qui se lisent sur presque tous les Edifices des anciens Romains, prouvent qu'ils attachaient autant de gloire à leur restauration qu'à leur construction.

L'ouvrage en ce genre qui ferait le plus d'honneur au Gouvernement, est la coupole de la halle au Bled de Paris. Cet édifice, un des plus beaux monumens d'utilité publique, tant par sa disposition, que par le genre de construction, doit être restauré d'une manière qui réponde à la solidité du reste de l'édifice. Le peu de durée de la coupole en planches, qu'une économie mal entendue avait fait préférer; ce que cette coupole a réellement couté; les dépenses considérables qu'éxigeait son entretien, et l'accident qui l'a totalement détruite en un instant ; tout doit engager le gouvernement à se tenir en garde contre des projets dans lesquels la solidité se trouverait sacrifiée à l'économie.

Tels sont les motifs qui m'ont déterminé, Citoyen Ministre, à vous présenter ce mémoire, dans lequel, après avoir développé les principes applicables à un ouvrage d'une aussi grande importance, j'examine les quatre principales manières dont cette coupole pourrait être construite, et j'expose les raisons qui me font préférer la construction en pierre de taille, comme la plus convenable et la plus avantageuse sous tous les rapports.

J'espère que Votre Excellence voudra bien en agréer l'hommage, ainsi que celui de mon respect et de ma reconnaissance.

Rondelet.

MÉMOIRE

SUR LA RECONSTRUCTION DE LA COUPOLE DE LA HALLE AU BLED.

ARTICLE PREMIER.

DESCRIPTION DE CET ÉDIFICE.

LA halle au bled, construite sur l'emplacement de l'ancien hôtel de Soissons, peut être regardé comme un des beaux édifices publics de Paris. Il est remarquable par sa disposition, sa solidité et la manière dont il est construit. Le diamètre extérieur de cet édifice, qui est sur un plan circulaire, est de 68 mètres $\frac{2}{5}$ ou 38 toises, sur 14 mètres $\frac{6}{10}$ ou 7 toises $\frac{1}{2}$ d'épaisseur, avec une cour ronde au milieu, de 39 mètres ou 20 toises de diamètre. Le plan général de cet édifice est représenté par la fig. 2 de la planche II, avec une partie du quartier où il est situé; il ne comprend qu'un rez-de-chaussée ouvert en portiques, et un étage au-dessus.

La figure 1 de la planche I, représente en M et N, l'élévation et la coupe du bâtiment exécuté par M. Camus de Mezières, habile architecte, qui s'était proposé de le rendre incombustible, en n'y employant point de bois.

Les portiques du rez-de-chaussée sont en voûtes d'arète, construites en briques et en pierres de taille, soutenues dans le milieu par des piliers ronds ou colonnes. Les murs de face sont percés chacun de vingt-cinq arcades qui se correspondent.

On monte à l'étage supérieur par deux escaliers en pierres de taille d'une fort belle exécution : ils sont marqués *a* et *b*, sur le plan général de la seconde planche. Cet étage supérieur forme un immense grenier qui occupe tout le bâtiment ; sa voûte, qui est très-surhaussée, est aussi construite en briques et en pierres de taille. Ce grenier a 10 mètres 36 centimètres de largeur, et 155 mètres 13 centimètres de pourtour, pris au milieu ; il est éclairé par cinquante croisées. La voûte est divisée par des arcs doubleaux en pierres de taille, formant chaîne, et extradossée selon la pente du toit ; le profil de sa construction est indiquée en B C D, planche I. Ces arcs doubleaux sont éloignés d'environ 2 mètres $\frac{1}{2}$ les uns des autres : les parties intermédiaires sont en briques de champ ; elles ont 24 centimètres (9 pouces) d'épaisseur. La surface du toit entre les arcs doubleaux est formée par une double voûte en briques posées de lat, bandées d'un arc à l'autre.

Le dessus de ces parties de voûtes a été arasé pour former la surface rampante du comble, laquelle est couverte en tuiles. Tel était cet édifice en 1782, lorsqu'on proposa de couvrir la cour, l'usage ayant fait connaître que les bâtimens autour étaient insuffisants pour l'approvisionnement d'une ville aussi considérable que Paris.

Plusieurs architectes présentèrent des projets pour voûter cette cour, dont le diamètre est de 39 mètres, ou 120 pieds. Les uns proposèrent de faire cette coupole en briques, avec des chaînes de pierres, et les autres de la faire en charpente.

Les citoyens Le Grand et Molinos présentèrent un projet pour former cette coupole avec des courbes en planches, posées de champ, d'après le système de Philibert Delorme. Leur projet était conbiné d'une manière si économique, et devait coûter si peu, en raison des autres, qu'il fut préféré. L'exécution de cette coupole fut commencée le 10 septembre 1782, et finie le 20 septembre de l'année suivante. Mais l'accident qui l'a détruite a fait sentir l'insuffisance de ce genre de construction, et son inconvenance, par rapport à celui des autres parties de l'édifice. Il prouve de plus qu'il n'est pas toujours avantageux de préférer les moyens qui paraissent présenter une moindre dépense. C'est pour prémunir le Gouvernement contre les projets qui pourraient lui être proposés pour la reconstruction de cette coupole, sous le prétexte spécieux d'une plus grande économie, que je me suis déterminé à examiner les principaux moyens qu'on pourrait employer pour son exécution, et à exposer les raisons, qui d'après toutes les recherches et les calculs que j'ai fait à ce sujet, devraient faire préférer la construction en pierres de taille, comme la plus solide et la plus convenable, pour donner à cette coupole la solidité qu'exige indispensablement une construction de ce genre.

ARTICLE II.

Construction en pierre de taille.

LA proposition de construire, en pierre de taille, une voûte d'un aussi grand diamètre, pourra paraître impraticable à ceux qui n'ont pas fait une étude particulière de l'art de bâtir, parce qu'elle présente l'idée d'un poids énorme, d'une poussée considérable, et d'une dépense extraordinaire : c'est ce que nous allons examiner, en prenant pour exemple un projet que j'avais présenté en 1775, et qui fut approuvé par Germain Soufflot.

OBSERVATIONS PRÉLIMINAIRES.

Il est essentiel, avant tout, d'observer que plus une voûte est grande, plus elle a besoin de stabilité pour avoir le degré de solidité qui lui convient. Ainsi lorsqu'on y emploie des matières susceptibles de mouvement ou d'ébranlement, tels que le bois ou le fer, soit par leur élasticité, soit par la trop grande dilatation ou condensation qu'elles sont dans le cas d'éprouver par le chaud ou le froid, le sec ou l'humide, il faut des précautions extraordinaires pour obvier aux effets qui peuvent résulter de ces mouvemens alternatifs agissant sans cesse sur une voûte d'un aussi grand diamètre. Si cette voûte n'est pas exécutée avec la précision et les précautions qu'exigent les matières qu'on y emploie, les effets se feront sentir avec plus ou moins de force en différens points, et comme c'est toujours aux endroits faibles, ou mal construits, que se font les plus grands efforts, et que ces efforts sont proportionnés à la masse, il en résulte que la moindre négligence ou défaut de construction peut en occasionner de si considérables, dans une voûte de cette étendue, qu'aucune matière ne pourrait leur résister, sans se rompre ou s'écraser.

Les pierres et les briques sont, de toutes les matières, les moins élastiques, les moins susceptibles de varier de volume, et par conséquent les plus propres à la construction des grandes voûtes; elles sont aussi les plus durables, car le mouvement alternatif de dilatation et de condensation qui tend à détruire les corps, en désunissant leurs parties, n'agit presque pas sur ces matières.

Les pierres de taille étant façonnées pour être plus immédiatement jointes les unes aux autres, avec moins de mortier ou de plâtre que les briques, produisent un tassement moindre et plus uniforme ; et comme les parties formées en pierres de taille ont toujours une figure plus régulière que celles formées en briques, les efforts qu'elles font les unes contre les autres, pour se soutenir mutuellement , sont plus en rapport et se distribuent plus également. C'est cette propriété des voûtes en pierres de taille, jointe aux soins qu'on a apporté à l'exécution des voûtes du Panthéon français, qui leur a procuré un degré de stabilité et de solidité qui les a fait résister aux effets des tassemens inégaux de leurs points d'appui et aux accidents arrivés aux piliers du dôme.

Dans le nombre considérable de voûtes de tous genres et de toutes sortes de formes, que j'ai eu occasion de visiter et d'examiner soigneusement, dans les différens voyages que j'ai fait pour étudier les constructions antiques et modernes, de France et d'Italie, je n'ai trouvé aucune de celles construites toute en briques, qui n'ait souffert des désunions et des efforts plus ou moins grands.

Il est vrai de dire que dans ces espèces de voûtes, quelques soins qu'on puisse mettre à leur exécution, il est impossible que les tassemens et les résistances se fassent par-tout aussi également que dans les constructions en pierres de taille, bien exécutées, où les joints sont beaucoup moins multipliés et moins épais que dans les constructions en briques.

La voûte du portail du Panthéon français, exécutée en pierres de taille de Conflans, a 19 mètres ou 58 pieds de diamètre, sur 5 mètres 58 centimètres ou 18 pieds 1 pouce de hauteur de ceintre; la courbure est formée par une ellipse; elle est percée dans les flancs, de deux grandes lunettes, et n'a que 16 centimètres ou 6 pouces d'épaisseur dans le milieu, et 8 pouces au droit des arcs doubleaux; cependant on n'y apperçoit ni rupture ni désunion.

La grande voûte en coupole, qui forme le galbe extérieur du dôme, est construite aussi en pierre de taille, dite de Vergelée. Le diamètre extérieur de cette voûte est de 23 mètres 71 centimètres ou 73 pieds; son épaisseur au droit des côtes est, par le bas, de 70 centimètres ou 26 pouces, et par le haut, de 35 centimètres ou 13 pouces; vers le milieu des élégissemens, cette épaisseur est réduite à moitié; de sorte que l'épaisseur moyenne, prise au droit des côtes, comparée au diamètre, en est la quarante-cinquième partie, et celle prise au milieu des élégissemens, la quatre-vingt-dixième. Il n'existe nulle part de coupole d'un aussi grand diamètre, qui ait si peu d'épaisseur.

Il résulte de l'examen que j'ai fait de plus de cinquante coupoles construites en briques, tant en France qu'en Italie, que leur épaisseur varie depuis la dixième partie du diamètre jusqu'à la vingt-quatrième qui est la moindre. Ainsi la coupole du Panthéon français, construite toute en pierre de taille, est en même-tems la plus solide et la plus légère.

Il n'est guère possible de construire des voûtes en briques aussi légères et aussi solides; car, pour un diamètre d'une aussi grande étendue, il ne faut pas compter sur les briques creuses, semblables à celles dont on fait usage à Paris, parce que, comme nous l'avons déjà remarqué, le moindre effort ou tassement inégal, toujours inévitable dans cette espèce de construction, est capable de les briser. Il faut, de plus, observer que les grandes voûtes, construites en briques creuses, ne se soutiennent que par le moyen des armatures de fer, qui réduisent les parties en briques à de simples remplissages.

On peut conclure de toutes les observations que nous venons de faire, et de plusieurs autres qu'on pourrait ajouter, 1°. qu'une coupole d'un diamètre aussi considérable que la halle au bled, doit, pour avoir toute la solidité convenable, n'être susceptible de presqu'aucun effet; 2°. que pour réussir, il ne faut employer à sa construction que les matières les moins sujettes à varier de figure et de volume; 3°. qu'elle doit être exécutée avec un soin, une régularité et une exactitude, telle, qu'aucune des parties correspondantes ne diffèrent que le moins possible par leur poids, leur forme et leur position, afin que tous leurs efforts se contrebalancent de manière à produire une stabilité parfaite.

Les principales objections qu'on ne manquera pas de faire à la proposition de construire cette voûte en pierres de taille, seront vraisemblablement, comme nous l'avons déjà dit, son poids, sa poussée et la dépense qu'elle exigerait.

Pour répondre à ces objections, il faut d'abord déterminer la forme de cette coupole. Nous proposons de la faire hémisphérique, telle qu'elle est représentée en E F G, pour l'intérieur, et H I K, pour l'extérieur, planche I, figure 1. Elle est percée dans sa partie inférieure, par cinq grands vitraux, demi-circulaires, marqués L, afin de correspondre à la division des arcades du rez-de-chaussée, qui sont au nombre de vingt-cinq. Au sommet est une autre ouverture circulaire, avec une lanterne légère, exécutée en fer.

La courbure du ceintre de cette voûte est formée par une demi-circonférence de cercle de même rayon et diamètre que le plan, c'est-à-dire de 20 mètres: son épaisseur par le bas, au-dessus du socle, serait de 76 centimètres, un peu plus de 2 pieds 4 pouces, et par le haut au-dessous du bandeau ou cadre de l'ouverture circulaire de la lanterne, elle serait réduite à 38 centimètres, ou moitié de celle du bas, en sorte que l'épaisseur moyenne, vers le milieu, entre la naissance et le cadre de l'ouverture de la lanterne, serait de 57 centimètre ou 21 pouces. Cette épaisseur est environ la 70e. partie du diamètre. C'est la moindre épaisseur qu'on puisse donner à une voûte de ce diamètre, pour qu'elle ait le degré de solidité indispensable à un monument de ce genre.

L'espèce de pierre qui conviendrait le mieux pour cette construction serait la lambourde de Saint-Maur, bien choisie; cette pierre qui peut se débiter à la scie à dents, vaut mieux que la pierre de Saint-Leu; elle a le grain plus fin, la texture plus égale que celle de Vergelé, et encore plus de fermeté; sa pesanteur spécifique est 1776, c'est-à-dire qu'un mètre cube pèse 1776 kilogrammes, et un pied cube 124 livres $\frac{1}{2}$. D'après les dimensions que nous avons indiqué, cette coupole exécutée produirait, en cube 957 mètres $\frac{782}{1000}$ ou 129 toises $\frac{1}{2}$, et un poids de 1,704,685 kilogrammes ou 3,482,514 livres.

Les cinq vitraux en fer, de 11 mètres $\frac{2}{3}$ de diamètre, garnis de leurs verres, forment ensemble un poids de 16,200 kilogrammes ou 33,095 livres.

La lanterne en fer, avec vitrage, balcons et couverture en cuivre, 4624 kilogrammes ou 9447 livres.

Au lieu de couvrir cette coupole en plomb, ce qui deviendrait très-dispendieux, je propose de faire usage de tuiles vernissées, comme je l'ai vu pratiquer en plusieurs endroits de l'Italie, et dans quelques villes des départemens méridionaux de France, où l'ardoise est trop chère, et entr'autres à Lyon. Ces tuiles ont l'avantage d'être plus durables que le plomb et que l'ardoise, et d'être sujettes à moins d'entretien. J'ai vu des couvertures faites de cette manière qui existent depuis plusieurs siècles. On devrait l'adopter pour tous les grands édifices qu'on veut mettre à l'abri des incendies, rien n'étant plus dangereux, dans ce cas, que l'ardoise qui se brise au feu, et laisse les lattes à découvert. Les coups de vent dépouillent quelquefois de grandes parties de combles, et exposent les bâtimens à être inondés dans les orages, inconvéniens qui n'arriveraient pas aux combles couverts en tuiles vernissées.

La couverture en tuiles vernissées sur la partie en pierre de taille a 2334 mètres de superficie, et péserait, compris raccordement en plomb, 114,250 kilogrammes ou 233,400 livres : ainsi le poids total de cette coupole serait de 1,839,759 kilogrammes ou 3,758,456 livres.

Ce poids devant être ajouté à celui que portent les vingt-cinq piliers des arcades intérieures, il faut, avant tout, examiner s'ils sont en état de supporter cette augmentation de charge. Ces piliers sont construits en pierres dures d'Arcueil, et forment ensemble une superficie de 70 mètres carrés ou 652 pieds, capable de porter, d'après les expériences faites sur la force de cette espèce de pierre, plus de 114 millions de kilogrammes ou 234 millions de livres.

La charge actuelle de ces points d'appui est de

	kilog.		livres.
	4,307,582	ou	8,835,840
celle à ajouter de	1,839,759	ou	3,758,456
en tout	6,147,341	ou	12,594,296;

d'où il résulte que ce poids n'est qu'environ la dix-huitième partie de la moindre charge dont ces points d'appui seraient susceptibles, et qu'ils ont beaucoup plus de force qu'il ne faut pour soutenir le poids de la coupole en pierre de taille que je propose : ainsi la première objection peut être regardée comme nulle.

Réponse à la seconde objection relative à la poussée.

Cet effort des voûtes, dont on a effrayé jusqu'à présent les constructeurs, dépend presqu'autant de la manière dont elles sont construites que de la forme de leur ceintre. Une voûte peut tomber, quoique ses murs ou points d'appui aient plus d'épaisseur qu'il ne faut pour résister à l'effort de sa poussée ; 1°. si elle n'a pas été construite avec toutes les précautions nécessaires ; 2°. si elle n'a pas, elle-même, une épaisseur suffisante, c'est-à-dire, proportionnée à son diamètre, à la courbure de son ceintre et au genre de construction adopté. La moindre rupture, dans une voûte trop mince, peut causer sa ruine, sur-tout si elle est construite en briques ou en moilons, parce que les joints étant plus grands, et leur nombre beaucoup plus considérable que dans les constructions en pierres de taille, elles sont sujettes à un plus grand tassement, qui ne s'opère jamais assez également pour ne pas occasionner des désunions et des lézardes qui deviennent plus dangereuses en raison de ce que les voûtes ont un plus grand diamètre et une moindre épaisseur.

L'expérience et les principes de mécanique statique prouvent que les voûtes extradossées également, c'est-à-dire celles qui ont par-tout une même épaisseur, poussent plus, et ont moins de solidité que celles dont l'épaisseur va en diminuant depuis le bas jusqu'au sommet. Pour concevoir la raison de cette différence, il faut avoir une idée de ce qu'on entend par *poussée* des voûtes.

Dans toutes sortes de voûtes en berceau, dont la surface intérieure est courbe, les pierres ou briques qui les composent, considérées indépendamment du mortier qui les unit, étant toujours posées sur des plans perpendiculaires à la courbe du ceintre, il en résulte que celles qui forment les parties inférieures jusqu'à une certaine hauteur, tendent à tomber en dedans, tandis que les pierres ou briques qui forment les parties supérieures, agissent en sens contraire; de sorte que ces deux efforts étant opposés, se détruisent en partie : mais, comme à volume ou poids égal, l'effort des parties supérieures est plus grand que celui des parties inférieures, c'est l'excédent de l'effort des parties supérieures sur celui des parties inférieures que l'on désigne sous le nom de poussée : cet effort tend à renverser les parties inférieures des voûtes et les murs ou points d'appui qui les soutiennent.

Lorsqu'une voûte a peu d'épaisseur, ou que les pied-droits ont cédé à l'effort de la poussée, l'expérience a fait connaître que les ruptures se font au sommet et vers le milieu des reins. Ces désunions divisent la voûte en quatre parties, dont les deux inférieures sont unies aux pied-droits : il est évident que si, dans cet état, l'effort de la poussée est supérieur à la résistance des pied-droits joints aux parties inférieures, la voûte tombera; mais si les ruptures ont été causées par un tassement inégal, ou par quelqu'autre accident momentané, cette voûte subsistera, quoique fendue, avec plus ou moins de solidité, en raison de ce que la résistance sera plus grande que l'effort de la poussée, pourvu cependant que le peu d'épaisseur de la voûte ne fasse pas échapper la coupe.

Plusieurs exemples de voûtes extradossées également à une trop faible épaisseur, qui sont tombées sans que les murs parussent avoir fléchi, m'ont engagé à faire des expériences sur la moindre épaisseur à donner aux voûtes en raison de leur ceintre et de leur diamètre. Le résultat de ces expériences, faites sur des modèles de voûtes de grandeur et de ceintre différens, m'a fait connaître qu'une voûte en berceau et en plein ceintre, entièrement extradossée d'égale épaisseur et divisée en quatre parties égales, ne peut plus se soutenir, quelque soit l'épaisseur de ses pied-droits, et même sans pied-droits, dès que l'épaisseur de cette voûte est moindre que la dix-septième partie du diamètre. Cependant une semblable voûte se soutient avec une moindre épaisseur lorsqu'elle va en diminuant depuis le bas jusqu'au sommet. Ainsi une voûte dont l'épaisseur vers le milieu des reins n'est que la vingt-quatrième partie du diamètre se soutient, pourvu qu'elle ait un tiers de plus par le bas, et un tiers de moins au sommet.

Les voûtes sphériques n'ont besoin, pour se soutenir, que du tiers de l'épaisseur des voûtes en berceau de même diamètre et de même ceintre. Il résulte encore de ces expériences que plus les parties inférieures d'une voûte dont la surface intérieure est courbe, sont considérables par rapport aux parties supérieures, moins elles ont de poussée ; en sorte que les voûtes qui poussent le plus sont les voûtes d'arête ; ensuite les voûtes en berceau et celles en arc de cloître ; quant aux voûtes sphériques, leur poussée peut être regardée comme nulle, parce que dans cette espèce de voûte, l'effort de la partie supérieure qui cause la poussée est moindre que la résistance de la partie inférieure.

On trouvera la démonstration de cette propriété des voûtes sphériques, au quatrième livre de mon *Traité théorique et pratique de l'art de bâtir.* Pour confirmer la théorie par l'expérience, j'ai fait faire un modèle de voûte sphérique en pierre de Conflans, d'un pied de diamètre et de 9 lignes d'épaisseur, composé de neuf rangs d'assises, sans la clef, divisées chacune en huit parties ou voussoirs. Tous ces voussoirs se posent les uns sur les autres, sans liaison, sur huit colonnes isolées de 9 lignes de diamètre; en sorte qu'ils forment des joints d'à-plomb continus, dans le milieu de chaque entrecolonnement, qui remontent jusqu'à la clef; dans cet état, ce modèle de voûte soutient à son sommet un poids double de la pesanteur de la clef. Il faut observer que ce cas est le plus désavantageux possible; car dans la construction des voûtes sphériques, chaque assise forme une couronne dont toutes les pierres ou voussoirs, posés en liaison au-dessus les uns des autres, se soutiennent par leurs joints latéraux, sans pouvoir agir sur les rangs de voussoirs supérieurs ou inférieurs. C'est cette propriété qui fait qu'on peut construire une voûte sphérique sans ceintre, en retenant chaque voussoir du rang que l'on pose, au rang inférieur, jusqu'à ce que la couronne soit achevée, et ainsi de suite.

Il faut encore observer, au sujet des pied-droits, que les murs circulaires ont un avantage considérable sur les murs droits, parce que chaque assise formant un cercle, a pour bras de levier le rayon, au lieu qu'un mur droit n'a pour bras de levier que la moitié de son épaisseur: c'est pourquoi un carton droit, ou une feuille de papier, qui ne peuvent pas se tenir debout, se soutiennent solidement si on en forme un rouleau ou cylindre.

Il résulte de tout ce qui vient d'être dit sur les voûtes

sphériques, 1°. que la coupole en pierre de taille que je propose pour couvrir la cour de la halle au bled, peut être érigée sur le mur de face de cette cour, à partir du dessus de l'entablement, sans avoir besoin d'aucun arc-buttant ni renforts; 2°. que cette voûte peut être exécutée sans ceintre, comme on prétend qu'a été faite la coupole de Sainte-Marie-des-Fleurs à Florence. Le diamètre de cette dernière est de 130 pieds, c'est-à-dire 10 pieds de plus que celui de la halle.

Lorsque Bruneleschi proposa de construire la coupole de Florence sans ceintre, il trouva autant de contradicteurs qu'il y avait alors d'architectes, d'ingénieurs et de mathématiciens qui avaient été convoqués pour aviser aux moyens de construire une aussi grande coupole à plus de 165 pieds de hauteur. Tous les projets proposés, présentaient pour établir les ceintres dont on croyait qu'il n'était pas possible de se dispenser, des ouvrages de maçonnerie et de charpente si considérables, qu'enfin on se détermina à accepter les offres de Bruneleschi, et lorsqu'il eut fait voir son modèle, qu'il avait tenu caché jusqu'alors, personne ne douta plus de la possibilité de son moyen. Comme cette coupole est sur un plan octogone, son procédé consistait à former, avec de grandes poutres en bois de chêne, liées avec des armatures de fer, des polygones qui avaient la voûte même pour point d'appui; ils étaient placés les uns au-dessus des autres, de manière qu'ils servaient en même-tems de ceintre et d'échafaud. Ce moyen est encore plus facile pour une voûte sphérique dont chaque assise forme cercle, que pour une voûte en polygone. Il ne faudrait, pour celle que je propose, que des échafauds légers établis sur l'extrados à mesure de l'exécution, pour porter les équipages et les ouvriers occupés à la pose.

Réponse à la troisième objection, relative à la dépense.

Pour répondre à cette objection, il suffit de donner le résumé des opérations et des calculs faits pour évaluer les différens ouvrages nécessaires pour l'exécution de cette coupole.

Nous avons dit, dans la réponse à la première objection, que la coupole dont il s'agit, produirait en œuvre un cube de 957 mètres $\frac{782}{1000}$ ou 129 toises $\frac{1}{2}$; la superficie moyenne étant de 2157 mètres carrés, il en résulte qu'il faut 2 mètres $\frac{1}{4}$ superficiels de voûte pour un mètre cube dont nous allons établir la valeur d'après la méthode adoptée par le Conseil des Bâtimens civils.

Pour 1 mètre cube, il faut, à cause du déchet de la taille, 1 mètre $\frac{1}{4}$ cube de pierre dite lambourde de Saint-

	francs.	cent.
Maur, choisie et de bonne qualité, évalué à raison de 36 francs rendue à l'atelier, ci.	45	
3 mètres de lits circulaires à 1 francs, ...	3	
2 mètres de joints droits en coupe, à 80 centimes,........................	1	60
Enlèvement de gravois provenant des tailles,.........................		60
Bardage de 2 à 300 mètres de distance, à 6 francs, ...	6	
Montage sur le tas, à 3 francs 40 cent.....	3	40
	59	60

	francs.	cent.
ci-contre, ...	59	60
Pose avec précaution, fourniture de mortier et scellement de crampons, 9 fr., .	9	
Dérasement sur le tas, ...	1	40
Dépense, ...	70	
Faux frais, ...	3	50
TOTAL......	73	50
Dixième de bénéfice, ...	7	35
Valeur d'un mètre cube, ...	80	85
Et pour 957 mètres $\frac{782}{1000}$, ...	77,436	67
2192 mètres superficiels de taille à double courbure pour la face intérieure de la voûte, à raison de 4 francs le mètre superficiel, compris ragrément sur le tas,	8,768	
2244 mètres superficiels de taille pour l'extrados, à 3 francs, ...	6,732	
TOTAL de la maçonnerie, ...	92,936	67
Même superficie de couverture en tuiles vernissées faites exprès, à raison de 12 francs le mètre, ...	26,928	
Cinq grands vitraux en fer demi-circulaires, de 6 mètres de rayon, produisant ensemble 273 mètres superficiels, et pesant 12,285 kilogr., à 3 fr. 50 cent., ..	42,997	50
	162,862	17

	francs.	cent.
de l'autre part, ...	162,862	17
La lanterne en fer produit, d'après les détails, un poids de 3,800 kilogrammes, à raison de 3 francs, ...	11,400	
4,000 crampons, et autres fers ordinaires, pour la réunion des assises, évalués à 12 milliers, estimés à raison de 750 francs, ...	9,000	
350 mètres superficiels de verre blanc fort, pour les vitraux et la lanterne, à 18 francs, ...	6,300	
540 mètres superficiels de plomb pour les cheneaux et bordures, pesant ensemble 24,300 kilogrammes, à 1 franc, ...	24,300	
Charpente pour les ceintres des cinq grands vitraux demi-circulaires, et pour les échafauds intérieurs et extérieurs, produisant 450 stères ou mètres cubes, évalués à 36 francs pour façon, pose, dépose et déchet de bois, ...	16,200	
950 mètres superficiels de madriers de sapin dressés sur les rives, posés, jointifs, et arrêtés avec des chevillettes, pour façon, pose, dépose et déchet, y compris les chevillettes, évalués à raison de 3 francs 50 centimes, ...	3,325	
Fourniture et pose en place de six petites gruës, compris ferrure, évaluée		
	233,387	17

	francs.	cent.
ci-contre, ...	233,387	17
chacune à 600 francs, ...	3,600	
Quant aux cables, cordages, boulins et madriers nécessaires, indépendamment des échafauds fixes, chariots et autres équipages, ils seront fournis par les entrepreneurs auxquels ils seraient nécessaires; ces frais étant compris dans l'évaluation des travaux.		
TOTAL......	236,987	17
A cette somme il convient d'ajouter, pour les raccordemens et objets imprévus, une somme, ...	25,000	
Dépense présumée, ...	261,987	17

ARTICLE III.

Construction en briques.

POUR construire en briques une coupole semblable à celle de l'article précédent, on ne peut, d'après les raisons que nous avons ci-devant déduites, s'empêcher de lui donner une même épaisseur, produisant un volume égal, ce qui porterait son poids environ à un vingtième en sus, pour la partie en maçonnerie, à cause que la brique est plus lourde que la pierre de lambourde de St.-Maur, en sorte que la charge totale serait de 6,232,581 kilogrammes, au lieu de 6,147.347.

Quant à la dépense, nous allons donner un détail pour un mètre cube en briques, maçonné en mortier, comme nous avons fait pour la pierre de taille.

Afin de procurer plus de solidité à cette voûte, je propose d'employer à sa construction, des briques de deux formes différentes, c'est-à-dire des briques ordinaires et d'autres carrées, dont le volume serait double; mais, comme elles coûteraient une fois plus, nous allons faire l'évaluation, sans y avoir égard, en supposant que ces briques sont de Bourgogne, et de la meilleure qualité.

Pour un mètre cube, il faudrait 729 briques qui, à

	francs.	cent.
raison de 80 francs le millier, reviendraient à..........................	58	32
Le montage sur le tas, ...	6	
La pose avec précaution, compris mortier, ...	14	
TOTAL......	78	32
Faux frais, ...	3	91
Dépense, ...	82	23
Dixième du bénéfice, ...	8	22
Valeur pour un mètre cube, ...	90	45
Et pour 958 mètres, ...	86,651	10
L'enduit intérieur en plâtre évalué, à cause de la double courbure et de la		
	86,651	10

	francs.	cent.
ci-contre, ...	86,651	10
hauteur, à raison de 3 francs 50 cent. le mètre superficiel, et pour 2,192 mètres,	7,672	
L'enduit en mortier de ciment sur l'extrados, évalué, par les mêmes raisons, à 4 francs le mètre superficiel, et pour 2,244 mètres, ...	8,976	
TOTAL pour la maçonnerie, en la supposant toute en briques, ...	103,299	10
Côtes et cercles de fer extérieurs, ...	17,676	
Charpente pour les ceintres des cinq grands vitraux, échafauds extérieurs et madriers, comme dans l'article précédent, ...	19,525	
Supplément de ceintre en courbes de sapin, pour servir de galbe à la partie de coupole au-dessus des grands vitraux, produit 1191 mètres superficiels, estimé, pour pose, dépose et déchet de bois, ...	4,764	
Pour les six grues, ...	3,600	
Couverture en tuiles vernissées, ...	26,928	
Vitraux de fer et lanterne, ...	54,397	50
Verre blanc pour les vitrages, ...	6,300	
540 mètres superficiels de plomb pour les cheneaux et bordures, ...	24,300	
	260,789	60
Pour les raccordemens et objets imprévus,	25,000	
	285,789	60

ARTICLE IV.

Construction en bois.

Je n'entrerai dans aucune discussion relativement au procédé de Philibert Delorme, il me suffira de faire observer que ce moyen qui, à quelque modification près, convient pour des voûtes d'un diamètre ordinaire, a besoin d'être traité différemment, lorsqu'il s'agit de grandes voûtes. Il est évident que les dimensions et le nombre des planches qui forment les courbes, doivent être en raison des diamètres, en sorte que si deux rangs de planches, de 3 ou 4 centimètres d'épaisseur, suffisent pour des voûtes de 7 à 8 mètres de largeur, il en faudra un plus grand nombre, ou de plus épaisses, en raison de ce qu'elles auront un plus grand diamètre. Le galbe extérieur du dôme de l'église de la Salute à Venise, est construit selon ce système; il a 24 mètres $\frac{1}{2}$ de diamètre extérieur, et les courbes dont il est formé, sont composé de quatre rangs de planches, clouées en liaisons les unes sur les autres. Elles ne sont percées d'aucun trous pour des liernes, mais elles sont entretenues par une chaine de fer, placée au tiers de la hauteur, formée de maillons arrêtés sur chaque courbe, et par une couverture en planche, continue.

De plus, cette coupole est soutenue, au milieu, par des colonnes élevées, sur l'œil intérieur d'une voûte en briques, qui réduit la portée de cette coupole, à moins de moitié.

Les coupoles de Saint-Marc de Venise, construites de même, sont soutenues à l'intérieur, par des fermes de charpente : la voûte de la grande salle de Padoue qui a environ 27 mètres de largeur, et celle de la Basilique de Vicence, qui en a plus de 20, sont entretenues à l'intérieur par des chaînes de fer apparentes; mais lorsqu'il s'agit d'une voûte de 39 mètres, qui doit être dégagée dans toute sa portée, et ne présenter à l'intérieur aucune armature ni chaînes, il faut nécessairement substituer à des courbes en planches, des courbes en pièces de bois de chêne qui aient des dimensions suffisantes pour ne point, étant réunies ensemble, fléchir ou se tordre par leur propre poids et leur trop grande portée.

D'après des expériences que nous avons fait sur la force des bois et sur leur élasticité, nous avons cru devoir fixer l'épaisseur de ces courbes, par le bas, à 48 centimètres, et à 30, par le haut. Chaque courbe *a*, planche III, figures 4 et 5, est formée par quatre pièces de bois jointives, dont deux forment l'épaisseur, et deux autres la largeur. Elles sont posées en liaison, et fortement réunies par des boulons à vis et écroux. Ces courbes sont au nombre de cinquante, planche I et II, figures 1 et 2 ; trente, forment toute la hauteur, et vingt s'arrêtent au-dessus des ceintres des vitraux; elles sont réunies entr'elles par quatorze moises horisontales, *b*, dont douze forment des cercles complets. Chacune de ces moises est composée de deux rangs de pièces jointives, planche III, figure 5, qui se croisent, et de douze rangs d'entretoises ou pannes, pour soutenir les chevrons intérieurs, *d*, et extérieurs, *e*, dans le milieu de leur portée. Ces chevrons seraient lattés pour recevoir à l'intérieur, un enduit de plâtre, sur un hourdi plein entre les chevrons du dedans, afin de donner plus de fermeté à la voûte, et à l'extérieur, pour recevoir la couverture en tuiles vernissées, semblables à celles proposées pour les coupoles en pierres et en briques, figures 1 et 2, planche III. Les vitraux, la lanterne et les raccordemens seraient les mêmes, en sorte que ce projet ne différerait, pour la dépense, que par la charpente.

Résumé et évaluation.

	stères.	
Les 50 courbes en élévation, produisent en cube........................	307	
Pour les doubles sablières du bas,......	31	
Pour les douze rangs de moises doubles.	76	72
Pour les douze rangs de pannes ou entretoises,........................	39	60
Pour 3,760 chevrons courbes, ci.......	127	8
	481	40

	francs	cent.
481 stères $\frac{4}{10}$ ou mètres cubes à 175 fr., ..	84,245	
Le soubassement en pierre de taille jusque sous l'appui des vitraux, de 126 mètres de circonférence moyenne, sur 3 mètres de haut et 60 centimètres d'épaisseur, produit en cube 226 mètres $\frac{8}{10}$, à 80 francs 85 centimes,............	18,336	78
	102,581	78

	francs.	cent.
ci-contre, ...	102,581	78
756 mètres superficiels de taille à double courbure pour les paremens, à 4 fr., ..	3,024	
3,850 boulons de 45 à 50 centimètres de long sur 3 centimètres de gros, avec vis, tête et écrou, à raison de 3 fr. 40 cent.	13,090	
3,450 autres boulons de 40 centimètres de long sur 2 centimètres ½ de gros, à 3 francs, ...	10,350	
2,210 autres de 30 à 36 centimètres sur 2 centimètres de gros, à 2 fr. 25 cent., ..	4,972	50
7,220 chevillettes à 40 centimes, ...	2,888	
1,080 plate-bandes de fer, de 48 centim. de long sur 5 centimètres de large et 1 centimètre d'épaisseur, entaillées de leur épaisseur et posées avec des vis à tête fraisée, à 3 francs 50 centimes, ...	3,780	
L'enduit intérieur avec hourdi entre les chevrons, produit en superficie 2,192 mètres, à 5 francs, ...	10,960	
TOTAL......	151,646	28
Dépenses communes avec les deux constructions précédentes.		
Pour la couverture en tuiles vernissées,	26,928	
Les cinq grands vitraux en fer, ...	42,997	
Lanterne, *idem*, ...	11,400	
	232,971	28

	francs.	cent.
de l'autre part, ...	232,971	28
Vitrage, ...	6,300	
Plomb pour les cheneaux et bordures, ..	24,300	
Echafauds et gruës, ...	15,000	
	278,571	28
Raccordemens et objets imprévus, ...	25,000	
Dépense présumée, ...	303,571	28

ARTICLE V.

Coupole en fer.

CETTE construction, représentée par les figures 3 et 4, de la planche II, et pour les détails, par les figures 6, 7, 8 et 9 de la planche III, présenterait à l'intérieur, un compartiment de caissons carrés et barlongs, formés par le croisement de cent principales courbes verticales, avec trente-quatre cercles horizontaux, ils seraient réunis, pour avoir plus de consistance et de fermeté, par des plaques de fer fondu. La partie apparente à l'intérieur, pourrait être peinte ou étamée. Ce dernier procédé, s'il était possible, doublerait le jour des vitraux, et aurait de plus l'avantage de présenter la nature de sa construction, c'est-à-dire une voûte métallique, à l'imitation de celle dont parle Spartian, dans la vie d'Antonin Caracalla : cet auteur s'exprime ainsi :

Reliquit thermas nominis sui eximias : quarum cellam solearem architecti negant posse ulla imitatione, qua facta est, fieri. Nam et ex ære vel cupro cancelli super positi esse dicuntur, quibus cameratio tota concredita est; et tantum est spatii ut idipsum fieri negent potuisse docti mechanici.

Ælius Spartianus in vita Antonini Caracalla, pag. 186, édition de *Robert Etienne*, Paris, 1544.

Histoire des emp. par *Lenain de Tillemont*, tom. III, part. I, page 202.

Antiq. de Rome par *Venuti*, tom. II, pag. 12.

Il a laissé de magnifiques thermes qui portent son nom, dont la salle appelée *soleare* est, au jugement des architectes, un ouvrage inimitable par la manière dont elle est construite; car sa voûte est toute formée par des lames de bronze ou de cuivre, soutenues par un grillage ou armature de même métal.

L'espace qu'elle couvre est si considérable (1), que plusieurs savants méchaniciens ne conçoivent pas comment elle peut se soutenir.

De la manière dont parle Spartian, il paraît qu'elle existait encore de son tems; cet auteur florissait en 284, sous l'empire de Dioclétien, et ces thermes ne furent achevés que vers l'an 230 de l'ère vulgaire; ainsi il n'y avoit qu'environ 54 ans qu'ils étaient terminés, et il est probable que ces thermes avaient encore toute leur magnificence.

Nous allons examiner le poids et la dépense que pourrait occasionner une aussi vaste coupole que celle de la halle, exécutée en fer.

D'après les détails et calculs exacts que j'ai fait à ce

(1) Elle avait 55 mètres ou 170 pieds de longueur, sur 23 mètres ou 72 pieds de largeur.

	kilogrammes.
sujet, je trouve que les cent courbes verticales peseraient ensemble.	24 343
Les 34 cercles intérieurs, ...	26,012
Les 34 extérieurs, ...	27,227
7,900 entretoises pour lier ces cercles entr'eux, ...	22,884
Poids des fers forgés, ...	100,466
Les plaques de fer fondues pour la face intérieure, et celles servant de contreforts et de moises pour réunir et donner aux courbes formant l'armature, la fermeté et la solidité nécessaires, ...	239,801
Poids total de la coupole en fer, ...	340,267

La partie en pierre, correspondante, pèse 1,301,435, d'où il résulte que la coupole exécutée en fer, peserait 961,168 kilogrammes de moins que celle en pierre, et 92,993 kilogrammes de moins que celle en bois de charpente.

DÉPENSE.

	francs. cent.
110,466 kilogrammes de fer forgé et ajusté pour former les courbes de l'armature, à raison de 2 francs le kilogramme, ...	220,932
239,801 kilogrammes de fer fondu en plaques unies, à raison de 40 centimes par kilogramme, ...	95,920
	316,852

	francs.	cent.
ci-contre, ...	316,852	
40,392 kilogrammes pour le lattis extérieur, à 1 franc, ...	40,392	
Autres dépenses communes avec les projets précédens.		
Pour le soubassement en pierres jusque sur l'appui des grands vitraux, ...	21,360	78
Couverture, ...	26,928	
Lanterne, ...	11,400	
Vitrage, ...	7,128	
Plombs, ...	24,300	
Echafauds et gruës, ...	15,000	
TOTAL......	463,360	78
Raccordemens et objets imprévus, ...	25,000	
Dépense présumée, ...	488,360	78

CONCLUSION.

Il résulte des quatre projets dont nous venons de donner l'explication détaillée, que le plus solide, le moins coûteux et le plus convenable aux constructions déjà faites, est celui en pierre de taille, représenté par la figure 1 de la première planche, dont la dépense pré-

	francs.	cent.
sumée est de........................	261,987	17
Tandis que celle pour la coupole en briques monte à........................	285,789	60
Pour celle en bois,....................	363,571	28
Et pour celle en fer,....................	468,360	

Plusieurs architectes ont proposé de construire cette coupole en briques, avec des chaînes en pierre de taille, comme la voûte du grenier de l'étage de la partie supérieure ; mais ils n'ont pas assez fait attention aux effets inévitables du tassement inégal, extrêmement dangereux dans une voûte à laquelle on ne peut donner que très-peu d'épaisseur, relativement à son diamètre, et que le moindre effort ferait rompre.

En ne considérant les parties en briques que comme des remplissages, on perd le principal avantage des voûtes sphériques, qui est de n'avoir pas de poussée, parce que chaque chaîne devient un simple arc qui a la poussée d'une voûte en berceau, et qui exige à l'extérieur des contreforts, comme dans les constructions gothiques, ainsi que l'avait proposé M. Antoine. D'ailleurs ces remplissages ne seraient avantageux ni pour le poids ni pour la dépense qui seraient l'un et l'autre plutôt plus forts que plus faibles.

Nous avons déjà parlé de l'insuffisance des poteries creuses, pour une voûte d'une aussi grande étendue, qui, outre les inconvéniens des constructions en briques pleines, n'auraient pas assez de force pour résister au poids et la pression latérale d'une pareille voûte. De plus, elles exigeraient des armatures de fer qui en rendrait la dépense plus forte, et la solidité plus précaire.

Si l'on avait à faire usage de construction en briques, ce ne devrait être qu'à partir de l'arasement de l'extrados des arcs formans vitraux, comme on le voit dans les figures 2 et 3 de la seconde planche. Mais cet arrangement qui produirait plus de dépense, aurait moins de solidité.

Pour construire solidement cette coupole en bois, on ne peut faire usage que des procédés de la charpente; les courbes en planches seraient tout-à-fait insuffisantes, comme l'a démontré l'expérience. Ceux qui ont prôné ce moyen, sujet à de très-grands inconvéniens, n'ont pas réfléchi que l'apparence de solidité que présentent les voûtes en planches, lorsqu'on en fait usage pour des largeurs qui ne passent pas 9 à 10 mètres, disparaît quand il s'agit de plus grands diamètres. Ils n'ont pas assez considéré que jamais l'assemblage de plusieurs planches, tel bien fait qu'il puisse être, ne vaut un morceau de bois d'une seule pièce, parce que dans les planches, une partie des fibres du bois, est tranchée par la scie, et que jamais l'union n'est aussi parfaite que dans les parties d'une seule pièce de bois. Ils n'ont pas encore considéré que les efforts se faisant en raison du cube des diamètres, il faut que les épaisseurs correspondantes soient entr'elles, comme les carrés de ces diamètres, pour avoir une solidité égale; en sorte que si pour une voûte de 8 mètres de largeur, dans œuvre, la moindre épaisseur des planches doit être de 2 centimètres, il faudrait pour une voûte de 39 mètres, 24 fois cette épaisseur, c'est-à-dire des pièces de bois de 48 centimètres, afin d'avoir une solidité égale.

Les véritables dispositions qui peuvent contribuer le plus à la solidité de ce genre de construction, sont la régularité, l'uniformité et la continuité. Dans la voûte que nous avons proposé, outre que la forme est régulière, elle est encore la plus avantageuse. Il résulte de la manière dont nous avons combiné les pièces de bois, une espèce de tissu uniforme produit par des courbes qui se recroisent et se relient dans tous les points.

L'hourdi plein, entre les chevrons qui forme la surface intérieure, et le lattis combiné avec les tuiles, pour former la surface extérieure, font qu'il ne se trouve aucun isolement entre les parties qui composent ces surfaces, d'où il résulte une continuité qui fait que les efforts de la pesanteur et de l'élasticité se partagent également dans tous les points, où ils trouvent par-tout une résistance supérieure.

J'ai suivi le même système pour la combinaison de la voûte en fer, représentée par les figures 6, 7, 8 et 9 de la planche III. Elle est composée aussi de cercles qui se recroisent, fortement liés ensemble, et entretenus par des plaques de fer fondu qui lui procurent la fermeté et la continuité. Ces plaques sont posées de champ et de plat, de manière à former des voussoirs creux, et une voûte aussi solide et aussi épaisse que celle en bois, quoiqu'elle pèse, comme nous l'avons dit, 92,993 kilogrammes de moins, c'est-à-dire près de 200 milliers.

Dans les moyens déjà proposés pour la reconstruction de cette coupole, il a été question de ceintre surhaussé et de la chaînette employée avec succès pour le ceintre de la voûte intermédiaire entre les deux coupoles du Panthéon français, et pour les arcs qui soutiennent le soubassement et la colonnade extérieure, sur quoi il est bon de relever l'erreur de plusieurs constructeurs qui croient que les voûtes dont le ceintre est formé par cette courbe, n'ont pas de poussée; comme cette erreur pourrait devenir dangereuse, nous avons cru qu'il était à propos de la détruire. Cette opinion paraît fondée sur ce que plusieurs célèbres mathématiciens ont démontré que les voussoirs d'une voûte extradossée, d'égale épaisseur, qui a pour ceintre la chaînette, sont en équilibre entr'eux; en sorte qu'en empêchant les deux premiers de glisser, tous les autres se soutiennent, quelque peu d'épaisseur qu'ait la voûte, tandis que celles dont le ceintre est formé par d'autres courbes, ne peuvent se soutenir que lorsqu'ils ont une certaine épaisseur qui varie en raison de la courbe, quoique les deux premiers voussoirs soient aussi retenus: mais ils n'ont pas observé que la courbe de la chaînette forme toujours un angle avec des pied-droits à-plomb, d'où il résulte que la voûte entière a une poussée proportionnelle à l'inclinaison de la tangente avec la verticale à l'endroit où cette courbe rencontre les pied-droits. Ainsi la chaînette à hauteur de ceintre, égale au demi-cercle, produirait, dans le cas dont il s'agit, un effort contre les pied-droits que la voûte hémisphérique ne produit pas, ce qui doit faire préférer cette dernière.

On peut enfin conclure de tout ce qui vient d'être dit, que la Coupole qu'il s'agit de construire pour couvrir l'intérieur de la halle au bled, peut être exécutée des quatre manières que nous avons proposé, et que, par rapport aux deux premières, celle en briques serait plus coûteuse et moins solide que celle en pierre de taille.

Par rapport aux deux autres moyens, la coupole en bois

5

serait d'une exécution plus sûre et plus facile que celle en fer; enfin que cette dernière paraîtrait plus surprenante par sa grandeur et sa nouveauté : mais aussi ce serait celle qui occasionnerait la plus grande dépense, quoique dans notre estimation nous l'ayons porté à sa moindre valeur.

Quant à nous, nous persistons à croire que c'est la coupole en pierre de taille qui convient le mieux.

De l'Imprimerie de GILLÉ, rue Saint-Jean-de-Beauvais, n° 28.

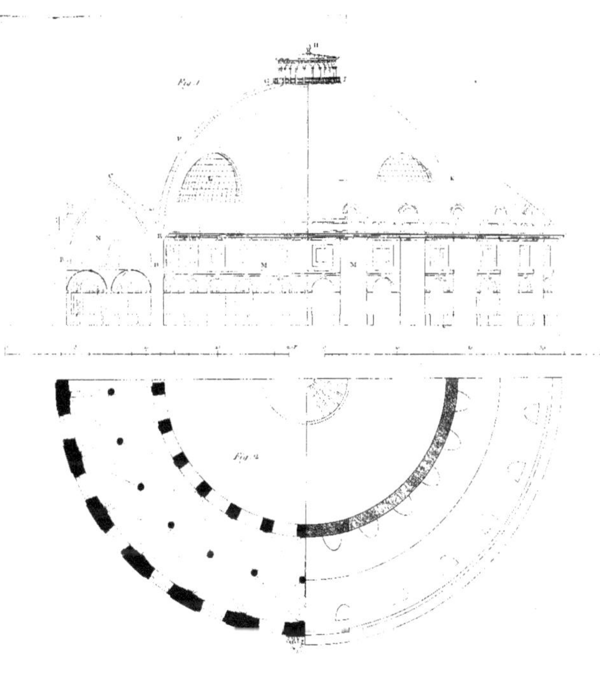

Pl. II

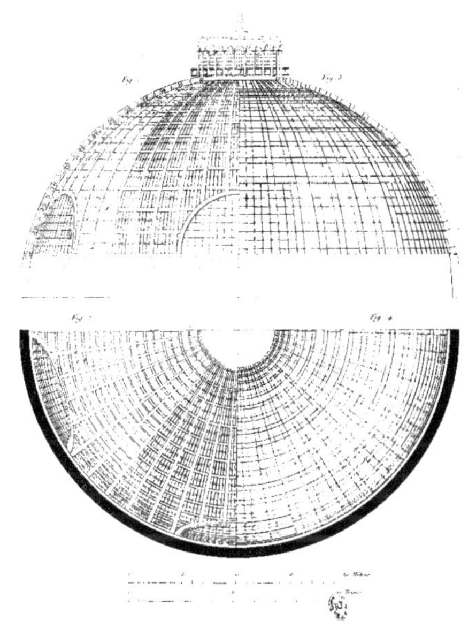

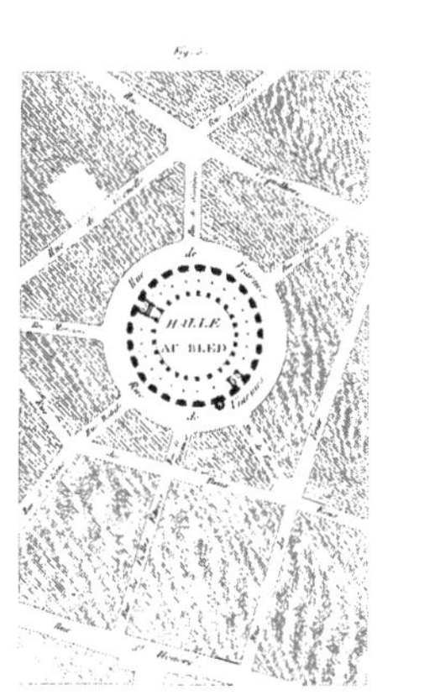

Pl. III

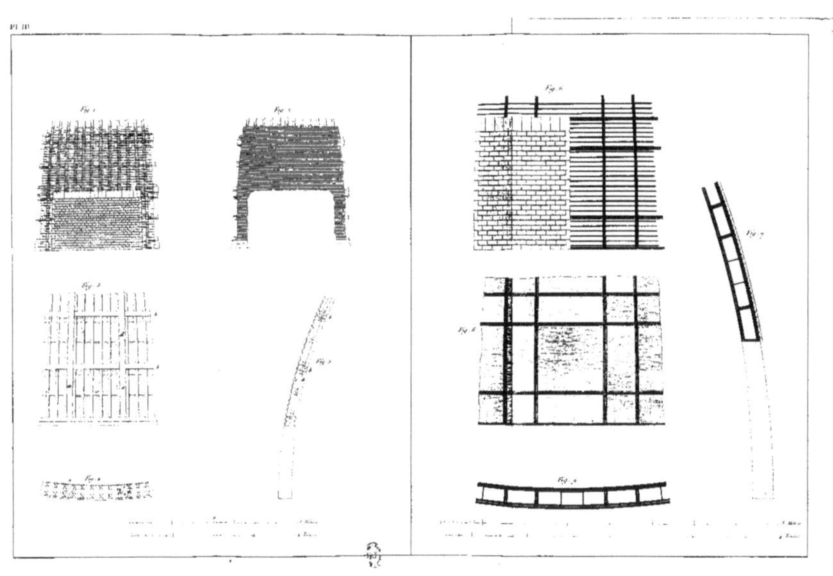

www.ingramcontent.com/pod-product-compliance
Ingram Content Group UK Ltd.
Pitfield, Milton Keynes, MK11 3LW, UK
UKHW021315190726
13839UKWH00007B/1854

9 782329 548593